LA VÉRITÉ

SUR

L'ANCIENNE INSTITUTRICE

De Saint-Étienne-de-Millas (Aveyron)

LETTRE

A MESSIEURS LES MEMBRES DU CORPS LÉGISLATIF

Par M. Victor de BONALD

MONTPELLIER

TYPOGRAPHIE DE BOEHM & FILS, PLACE DE L'OBSERVATOIRE

1870

A MESSIEURS

LES MEMBRES DU CORPS LÉGISLATIF

Messieurs les Députés,

Le but de cette lettre n'est pas de réveiller le souvenir d'un pénible incident électoral. Je viens seulement, pièces en main, rétablir la réputation d'une femme noircie par des allégations mensongères, dans vos séances du 15, du 16 et du 17 décembre. Plus sa position est humble, plus sa défense m'apparaît comme un devoir sacré. Vous en jugerez ainsi, je l'espère, et vous agréerez qu'elle vous soit présentée.

Si j'avais voulu me borner à prouver que les reproches d'inconduite faits à l'ancienne institutrice de Saint-Étienne-de-Millas étaient étrangers à la mesure prise contre elle, je n'aurais pas attendu jusqu'à ce jour. Un simple rapprochement entre les paroles de M. le Rapporteur et celles de M. Calvet-Rogniat, rapprochement qui a pu vous échapper dans la vivacité du débat, suffisait à porter la conviction dans tous les esprits ; j'aurai l'honneur de vous le montrer tout à l'heure. Mais ce côté de la question disparaissait à mes yeux, devant le désir de vous prouver la fausseté absolue de l'accusation.

J'ai le droit d'affirmer aujourd'hui, comme l'avait fait l'honorable marquis d'Andelarre, que cette malheureuse institutrice est *la plus honnête des femmes*, et d'ajouter, la plus calomniée.

Le *Journal de l'Aveyron* vient de publier dans son numéro du 5 janvier des attestations qui ne permettent plus aucun doute. Vous les trouverez textuellement à la suite de cette lettre.

A la date du 28 décembre, douze conseillers municipaux de la commune du Viala-du-Tarn, dont Saint-Étienne est une section, et cinquante-deux des principaux contribuables (toutes les signatures sont légalisées par l'adjoint) déclarent que Mlle G....., ancienne institutrice à Saint-Étienne, *s'est acquittée de ses fonctions à leur entière satisfaction ; que sa conduite a été constamment irréprochable; qu'ils avaient vu avec peine la mesure prise contre elle; qu'ils protestent énergiquement contre les accusations dont elle a été l'objet ; qu'elle a emporté, en quittant le pays, tous leurs regrets et toute leur estime.*

Dans un second certificat encore plus accentué, le plus grand nombre des signataires, entre autres six conseillers municipaux, affirment de nouveau *sur l'honneur* que la moralité de Mlle G... est à l'abri *de tout reproche,* et n'hésitent pas à attribuer *à la haine et à la malveillance* l'accusation dont elle est l'objet.

Messieurs les Curés du Viala-du-Tarn, de Pinet et du Minier, trois sections de la commune du Viala, affirment avec énergie sa moralité irréprochable ; M. le curé de

Comprégnac, dans le canton de Millau, déclare qu'il connaît Mlle G... depuis huit ans et lui rend le même témoignage.

L'opinion de la commune du Viala s'affirme donc avec toute l'énergie possible, et nous retrouvons au 28 décembre Mlle G...... en possession de l'estime publique tout aussi bien qu'au 14 juillet, alors que quarante-cinq pères de famille protestaient contre la mesure dont elle venait d'être l'objet et demandaient son maintien à Saint-Étienne, démarche qui n'a pas été niée devant vous, et dont la signification ne peut plus être contestée en présence des nouveaux certificats.

Comment donc entre ces deux dates ont pû se produire les pièces officielles qui ont persuadé à votre honorable Rapporteur que Mlle G... n'avait pas *conservé la confiance des familles*, et l'ont amené à qualifier cette allégation de *mensongère ?*

On a dit que ces pièces étaient des *rapports officiels après enquête.*

Permettez-moi de bien établir le moment où aurait eu lieu cette enquête, et de rappeler dans quelles circonstances a surgi l'accusation, car il est resté sur ce point une regrettable confusion.

L'accusation et l'enquête avaient-elles précédé le déplacement de l'institutrice ?

Le rapport de l'honorable M. de Guilloutet pouvait le faire croire, mais il a été pleinement induit en erreur, et le contraire est acquis au débat. M. Calvet-Rogniat l'a formellement avoué lorsque, — M. le marquis d'Andelarre s'étonnant que, *cette femme étant ce qu'on avait dit,* on se fût contenté de lui infliger un simple changement de résidence, — il lui a répondu, dans la séance du 17, que *l'administration n'a connu sa conduite qu'à la suite de l'enquête provoquée par les publications des journaux.*

Or, précisons les dates.

La lettre électorale de l'inspecteur à Mlle G.... est du 25 avril.

Le déplacement de l'institutrice a lieu le 8 juillet.

Le 14 juillet, les pères de famille demandent son maintien à Saint-Étienne.

Le 14 novembre, plus de quatre mois après la mesure prise, la lettre de l'inspecteur est publiée par le journal *le Français.*

L'enquête est donc postérieure au 14 novembre, postérieure à la mesure prise le 14 juillet. Les faits qu'elle aurait révélés n'*étant pas connus à cette époque,* c'est M. Calvet-Rogniat qui l'avoue, ne pouvaient donc avoir été le motif de cette mesure et ne pouvaient servir à l'expliquer après coup.

Si Mlle G... avait été frappée pour des faits graves, le 14 juillet, l'Administration pouvait-elle en avoir perdu le souvenir au bout de quatre mois, et avait-elle besoin de recourir à une enquête?

Pourquoi donc cette enquête rétrospective, qui a jeté une équivoque dans le débat, a fait dévier la discussion hors de son véritable terrain, a permis de voiler la lettre de l'inspecteur sous la prétendue inconduite de l'institutrice, a créé, en un mot, une puissante diversion ?

N'y a-t-il pas quelque chose de mystérieux et d'étrange dans une enquête qui doit faire connaître à l'Administration les motifs d'un acte accompli par elle depuis quatre mois?

Laissons de côté la question de stratégie ; je vais directement au fond du débat, à ces pièces fournies par l'Administration.

Je conteste la valeur de ces pièces officielles, démenties aujourd'hui par les témoignages les plus formels. Je conteste la valeur de cette enquête. Qui l'a faite ? à quel moment ? quels témoins ont été entendus ?

Pour l'honneur de l'Administration, ces questions doivent être éclaircies, car ce que nous produisons aujourd'hui est une enquête spontanée, publique, dont les témoins se nomment.

Les pièces communiquées à votre quatrième bureau sont, a-t-on dit, une lettre du maire, des lettres de l'inspecteur et du préfet. La lettre du maire semblerait donc être le point de départ de l'enquête. Sur quels témoignages a-t-il écrit ? Sur la foi de qui a-t-il fait une dénonciation aussi grave ?

Ce magistrat a-t-il été dupe de quelque audacieuse fourberie, de haines locales qui veillaient dans l'ombre et qui ont habilement saisi le jour et l'heure favorables ? L'Administration doit rechercher, elle doit trouver le coupable.

Voudrait-on admettre qu'il n'y ait ici qu'une déplorable et inexplicable erreur, qui n'engage la responsabilité de personne ? A qui le persuaderait-on ?

Une femme a été frappée dans son honneur, du haut de votre tribune, à la face du monde entier. Elle a droit à une réparation. L'Administration peut-elle faire moins que de la placer en face de ses accusateurs ?

Il reste un détail que je ne dois pas omettre. M. le Rapporteur, après avoir contesté que Mlle G... eût conservé la confiance des familles, ajoutait : *cette femme a quitté le pays*. Ce laconisme dédaigneux pouvait donner l'idée d'une fuite furtive, clandestine, pour une destination inconnue. Rien ne ressemble à cela dans le départ de Mlle G... Fatiguée des tracasseries dont elle avait été l'objet de la part de l'Administration municipale, et qui avaient amené la mesure prise contre elle; dégoûtée d'une carrière où l'attachement à ses devoirs et la confiance des familles n'avaient pu garantir son repos, elle s'était décidée à accepter, le 18 octobre, la proposition qui lui avait été faite bien antérieurement d'aller servir un respectable ecclésiastique de Grenoble, le P. Sibillat, missionnaire, dont elle était connue. Toute la commune savait où elle était et quels motifs l'avaient déterminée à s'éloigner.

Permettez-moi de placer ici une question qui ne me semble pas indigne d'être soumise à des législateurs.

Mlle G... était devenue étrangère à l'Administration depuis quatre mois ; depuis le 18 octobre, elle avait quitté la commune et le département, et pris une profession qui excluait toute idée de retour à ses anciennes fonctions. L'enquête faite dans ces circonstances, à la fin de novembre, ne constituait-elle pas une violation injustifiable du domaine de la vie privée ? l'Administration avait-elle, à l'égard d'une personne qui ne lui appartenait plus, un autre droit que celui de faire connaître les motifs de la mesure prise contre elle, tels que pouvaient les révéler ses archives ?

Je viens de relever un seul point d'une discussion où j'aurais, pour mon propre compte. de nombreuses réserves à faire et de graves contestations à élever. Mais exclusivement pénétré de là mission que m'a confiée un père atteint dans l'honneur de sa fille, j'ai tenu à écarter avec soin toute préoccupation personnelle, et si je me permets ce seul mot en terminant, c'est uniquement pour qu'on ne puisse tirer avantage de mon silence sur tout le reste du débat.

Recevez, Messieurs les Députés, l'assurance de mon profond respect.

VICTOR DE BONALD.

Montpellier, le 8 janvier 1870.

CERTIFICATS

Délivrés à Mlle *G..., institutrice à Saint-Étienne-de-Millas,*
et publiés dans le JOURNAL DE L'AVEYRON *du 5 janvier.*

I.

« Nous soussignés, habitants et pères de famille, domiciliés sur la paroisse de Saint-Étienne-de-Millas, commune du Viala-du-Tarn, et autres principaux habitants de la même commune, déclarons que Mlle Gineste, ancienne institutrice à Saint-Étienne, s'est acquittée de ses fonctions à notre entière satisfaction, que sa conduite a été constamment irréprochable, que nous avons vu avec peine la mesure prise contre elle, et que nous protestons énergiquement contre les accusations dont elle a été l'objet, déclarant qu'elle a emporté, en quittant notre pays, tous nos regrets et toute notre estime.

» En foi de ce nous avons signé la présente attestation sur notre honneur, à Saint-Étienne, le 28 décembre 1869.

» *Conseillers municipaux.* — MALAVAL (de Fourcadier), CAPELLE, JEAN-JEAN, GAUBERT, |FOURCADIÉ, SALVAT, SALGUES (du Mazet), SALGUES (de la Vayssière), FRAISSE, MATET, d'ARVIEU, MALAVAL (du Tondut).»

(Suivent 52 signatures des *principaux contribuables;* toutes ces signatures sont légalisées par l'adjoint.)

II.

« Les principaux paroissiens de Saint-Étienne-de-Millas et autres habitants notables de la commune du Viala-du-Tarn soussignés, informés que des imputations calomnieuses ont été portées à la tribune du Corps législatif contre Mlle Gineste, ancienne institutrice à Saint-Étienne, se croient obligés d'affirmer haut et sur l'honneur que la moralité de cette fille est à l'abri de tout reproche, et que l'accusation dirigée contre elle est le résultat de la haine et de la malveillance ; que dès-lors ils croient de leur devoir de repousser comme elles méritent de l'être toutes les accusations et insinuations formulées contre une institutrice dont la conduite a toujours été digne d'éloges, qui a emporté les regrets de tous les honnêtes gens en quittant le pays, et qui n'a eu d'autre tort à se reprocher que de ne pas avoir voulu favoriser les rancunes du chef de la municipalité et servir d'instrument à des passions politiques.

» En foi de ce nous avons signé la présente attestation pour servir et valoir ce que de raison.

» Au Viala-du-Tarn, le 28 décembre 1869.

» *Conseillers municipaux.* — MALAVAL (de Fourcadier), SALGUES (du Mazet), SALGUES (de la Vayssière), MALAVAL (du Tondut), FRAYSSE, MATET.

» *Fabriciens de Saint-Étienne.* — MALAVAL, LACOUR, CONSTANS, MAURI, BRENGUES.»

(Suivent 38 signatures des *principaux habitants de la commune* ; toutes ces signatures sont légalisées par l'adjoint.)

III.

« Les Curés soussignés, résidants dans la commune du Viala-du-Tarn, attestent en leur âme et conscience que la conduite de Mlle Gineste, ancienne institutrice à Saint-Étienne-de-Millas, a toujours été irréprochable en tout point, et que les accusations portées contre elle sont complètement mensongères.

» Au Viala, le 30 décembre 1869.

» PUECH, curé de Pinet ; GALTIER, curé du Viala-du-Tarn ; FRAISSE, curé du Minier. »

IV.

« Le curé de Comprégnac, soussigné, atteste sur l'honneur que Mlle Gineste, institutrice à Saint-Étienne-de-Millas, qu'il connaît depuis huit ans et qu'il a vue pendant tout ce temps dans l'exercice de ses fonctions, lui a toujours paru une fille honnête et à l'abri de tout reproche, et que les accusations dirigées contre elle dans les bureaux du Corps législatif et insinuées dans deux séances publiques, lui ont paru calomnieuses et inexplicables, même au service d'une cause électorale.

» En foi de quoi, à Comprégnac, le 30 décembre 1869.

» F. BARASCUD, curé de Comprégnac. »